دار جامعة حمد بن خليفة للنشر
صندوق بريد 5825
الدوحة، دولة قطر

www.hbkupress.com

DDCoral / Shutterstock.com
Ahmed Adly / Shutterstock.com
Fitria Ramli / Shutterstock.com
Fredy Thuerig / Shutterstock.com
EBONYEG / Shutterstock.com
Munzir Rosdi / Shutterstock.com
Ana Victoria Manalese / Shutterstock.com
Sven Hansche / Shutterstock.com
Imran's Photography / Shutterstock.com

الطبعة العربية الأولى 2021

دار جامعة حمد بن خليفة للنشر

الترقيم الدولي: 9789927151835

تمت الطباعة في الدوحة-قطر.

مكتبة قطر الوطنية بيانات الفهرسة – أثناء – النشر (فان)

حياكم / دار حمد بن خليفة للنشر ؛ ترجمة محمد رمضان. الطبعة العربية الأولى. – الدوحة : دار جامعة حمد بن خليفة للنشر، 2021.

صفحة ؛ سم

تدمك: 978-992-715-183-5

1. قطر -- الوصف والرحلات -- أعمال للأطفال. أ. دار جامعة حمد بن خليفة للنشر ب. رمضان، محمد، مترجم.

ج. العنوان.

DS247.Q32 H39 2021

953.63 – dc23

2021 28029252

حياكم

عمر علوبة

منير سليم

غنوة يحيى

ريما إسماعيل

نيكوس يانوبولوس

زياد أبوارشيد

ترجمة: محمد رمضان

دار جامعة حمد بن خليفة للنشر
HAMAD BIN KHALIFA UNIVERSITY PRESS

09 : 20
حياكم
فيصل، فادي، راشد
فيصل
كم هي بطيئة عقارب الساعة يا رفاق! فأنا متشوقٌ جدًّا للقائكم في قطر، وفي جُعبتي الكثير من المفاجآت الحلوة بانتظاركم.
فادي
ستستغرق الرحلة ثلاث ساعات حتى أصِل! إلى اللقاء يا بيروت، وفي الطريق إليك يا دوحة الخير!
راشد
وصلت لتوي إلى مطار مسقط الدولي. الآن بدأتْ عُطلتي رسميًّا.

اليوم
الأول

حياكم! مرحبًا بكم في قطر.
فادي، فيصل... مرحى يا رفاق.
شكرًا يا فيصل على دعوتك لنا إلى هذه الرحلة. أتوقع أن تكون مذهلة!

فعلاً إنه جوٌّ مثالي للتنزه.
ممم... لكن ما غداؤنا اليوم يا رفاق؟
الجو لطيف جدًّا في هذا الوقت من العام.

أسباير زون: تقع في حي الدوحة الجنوبية بمدينة الدوحة، قطر، على مساحة 88 هكتارًا (880 كيلومترًا مربعًا).
تُطل حديقتها على برج أسباير، وهو أعلى بناء في قطر، شُيِّد عام 2006.

نادي السباق والفروسية
إنها مذهلة!
هذه خيول عربية أصيلة.

نادي السباق والفروسية: أُنشئ عام 1975، وظل شاهدًا على التاريخ العريق للفروسية في قطر حيث تحظى الخيول بمكانة رفيعة، لما لها من دور بارز في الحروب والملاحم التي رسمت ملامح المنطقة.

اليوم الثاني

الكورنيش: يمتد أفق الدوحة المتألق بطول سبعة كيلومترات، ويزدان بمجموعة من الروائع المعمارية التي تنعكس صورتها على مياه الخليج العربي الصافية. وهو مكان مناسب لقضاء نزهة ممتعة بين المناظر الخلابة للمدينة، أو الاستمتاع بأنشطة الركض أو المشي أو ركوب الدراجات.
رائع!
الكورنيش من أكثر الأماكن المحببة إلى قلبي في الدوحة. لقد أعددتُ لكم جولة شيقة لهذا اليوم.
متشوق للمزيد!

الحي الثقافي كتارا: يضم مسجدًا، ومسرحًا مكشوفًا، ودار أوبرا، ودار عرض سينمائي متعددة الأغراض، وقاعة مؤتمرات متعددة الاستخدامات، ومركز تسوق، وشاطئًا، وسوقًا، ومتحفًا. ويمثل الحي الشريان الثقافي لمدينة الدوحة، حيث يستضيف كمًّا هائلاً من المهرجانات والمعارض على مدار العام.

اللؤلؤة: جزيرة اصطناعية تمتد على مساحة أربعة كيلومترات مربعة تقريبًا. وتضم 12 حيًّا، لكلٍّ منها طابعه المميز.
ياه يا صاح! لن أَمَلَّ من هذا المكان مطلقًا!
بالتأكيد، فثمة أشياء كثيرة يمكن فعلها هنا.
هيا نأكل شيئًا قبل أن نتجول في أنحاء المكان.

جامع الإمام محمد بن عبد الوهاب: تبلغ مساحته 175164 مترًا مربعًا، وله 93 قبة ضخمة تغطي بهوه المركزي وساحته المفتوحة. ويتسع المسجد لنحو 30 ألف مُصلٍّ من الرجال والنساء، كلٌّ في مكانه المخصص.

اليوم
الثالث
لا بد أن ندخله، ولكن،
ليس قبل أن نلتقط
صورة «سيلفي» للذكرى.

منتزه الخور: أحد أقدم المتنزهات في البلاد. ويضم مجموعة متنوعة من الطيور، ومساحات هائلة من المسطحات الخضراء، والنافورات المائية، ومناطق لعب الأطفال، و يضم كذلك شلالاً مائيًا، وملعبًا صغيرًا للجولف، وقطارًا يسير بالطاقة الكهربائية، وملعبًا لكرة السلة، ومسرحًا مكشوفًا، وساحة للتزلج، وحديقة حيوان تضم أنواعًا عديدة من الحيوانات.

انظروا إلى هذه السلحفاة!
مدهشة!
تلجأ السلاحف البحرية إلى
هذا الشاطئ طوال فصل الربيع
وفي بداية فصل الصيف.

الذخيرة: تتميز المنطقة بشواطئها النقية وساحلها الممتد بطول 10 كيلومترات، والمكون من السبخات (السهول الملحية). ويضم الساحل غابة من أشجار المانجروف المقاوِمة للملح، تعد الأكبر من نوعها في قطر. كما تعد المنطقة وجهةً محببةً لعشاق الطيور وركوب القوارب وصيد الأسماك.

قلعة الزُّبارة: حصن عسكري قطري تاريخي شُيِّد عام 1938 في مدينة الزُّبارة التي كانت مركزًا لصيد اللؤلؤ والأسماك، كما كانت ميناءً تجاريًّا مهمًّا نظرًا لموقعها الاستراتيجي. ويمكن اعتبار هذا الموقع الأثري مثالاً حيًّا على المدن التجارية التي تعود إلى القرنين الثامن عشر والتاسع عشر في منطقة الخليج العربي.

اليوم
الرابع
أعتقد أن هذا هو أنسب مكان للاسترخاء بعيدًا عن صخب المدينة، أليس كذلك يا رفاق؟
بلى، ولكنني كنت أظن أننا سنذهب اليوم إلى مغامرة في الصحراء...؟
هيا يا راشد، فلنقضِ وقتًا ممتعًا اليوم على الشاطئ!

الوكرة: مدينة تقع شرقي قطر، إلى الجنوب من مدينة الدوحة. يتميز سوقها بتصميمه المكون من أزقة متداخلة وساحات مفتوحة، والعامر بالأبنية الطينية القديمة والمحلات التي يُباع فيها كل شيء، من العسل والتوابل والتمور إلى العطور والهدايا التذكارية. ويقع شاطئها على بُعد خطوات من السوق ووسط المدينة.

الكثبان الرملية في مسيعيد: تتميز هذه المنطقة بتكوينات رملية طبيعية، تجعل منها وجهةً سياحية تجذب عشاق المغامرة. والكثبان الرملية هي تلال من الرمال، مختلفة الأحجام والأشكال، تكونت بفعل الرياح أو المياه.

شيء عجيب!
هذه ليست قلعة زكريت القديمة. فالقلعة موجودة في موقع حصين، ولا يمكن لأحد دخولها إلا بتصريح خاص، وبصحبة مرشدين سياحيين.

زكريت: تقع شمال غربي قطر. معظمها غير مأهول بالسكان، وتتميز بالحواف الصخرية الضخمة ذات التكوينات الكلسية التي تتخذ أشكال الأعمدة وفِطر عيش الغراب. واشتهرت في فترة من الفترات باسم «مدينة السينما»، حيث شهدت تصوير أعمال فنية شهيرة.

اليوم الخامس

مكتبة قطر الوطنية: صممها المهندس الهولندي الشهير «ريم كولهاس» على شكل ورقة مطوية، وتضم ما يزيد على مليون كتاب. وفي الطابق السفلي منها، توجد مكتبة التراث التي تحتوي على معرض دائم للعديد من المعروضات ذات الصلة بالتراث القطري والخليجي.

فكرة جيدة، ولكن
لنتناول بعض الأيس
كريم أولاً!

مشيرب قلب الدوحة: مشروع ضخم لإحياء الحي التجاري القديم وتحويله إلى مدينة حديثة مستدامة، مستلهمة بالكامل من وحي التراث والفن المعماري القطري.
أود أن أستكشف المكان وأن أعرف المزيد عن ماضي قطر.
تستعرض متاحف مشيرب التاريخ الوطني لقطر. فهذه البيوت التراثية الأربعة الموجودة في أقدم مكان بالعاصمة تبرز جوانب فريدة للتطور الثقافي والاجتماعي للدولة.

سوق واقف: سوق قديم يعود تاريخه إلى عدة قرون. وترجع تسميته بهذا الاسم إلى وقوف الباعة على جانبي الطريق وهم يعرضون بضاعتهم ويبيعون سلعتهم.

اليوم السادس

متحف الفن الإسلامي: من تصميم المهندس المعماري الحاصل على جائزة بريتزكر «ياو مينج بي»، وتم بناؤه على جزيرة منفصلة تبعد عن الكورنيش بحوالي 195 قدمًا (60 مترًا) فقط. ويزخر بتشكيلة فريدة من التُّحف الفنية الإسلامية التي تم جمعها من مختلف بلدان العالم الإسلامي على مر القرون.
تُرى هل هو فعلاً ذلك المهندس المعماري نفسه الذي صمم الأهرامات المشيدة من الزجاج والمعدن أمام متحف اللوفر بباريس؟
مدهش! متشوق لاستكشافه من الداخل!
أجل! ومن المدهش أيضًا أن الجزيرة التي بُني عليها المتحف أُعدت بحيث لا يحجبه أي منشآت أخرى في المستقبل.

الفنار - المركز الثقافي الإسلامي: مكان رائع للتعرف على الإسلام، حيث تُنظم فيه دورات عن العقيدة الإسلامية، إلى جانب أنشطة تثقيفية أخرى.